Hsin-hsin Ming
Seng-Ts'an

AF235851

Hsin-hsin Ming

Verse über das vertrauende Herz

von

Seng-ts'an

Der dritte ZEN-Patriarch

Übersetzt aus dem Englischen ins Deutsche

Matthias Dhammavaro Jordan

Impressum

© 2022 Matthias Dhammavaro Jordan
(© Bilder Barbara Felder und Matthias D. Jordan)

Herstellung und Verlag: BoD – Books on Demand, Norderstedt

ISBN: 9783756205424

Inhalt

Vorwort zur deutschen Übersetzung

Als ich das dritte Jahr als buddhistischer Mönch in Thailand lebte, schenkte mir jemand die englische Kopie eines kleinen Heftchens.

Es passte sehr gut in meine „Dschungelbibliothek", eine kleine Plastiktüte, in der ich inspirierende Texte verwahrte. Das war 1991.

Seit dieser Zeit begleitet und inspiriert mich dieser Text, das *Hsin-hsin Ming*.

Es scheint mir, dass in diesen Worten die zeitlose Wahrheit verborgen ist, nach der unser innerstes Wesen eine tiefe Sehnsucht hat. Es gibt Worte, die den Verstand gut versorgen. Dieses Büchlein jedoch richtet sich an unser Herz und die intuitive Kraft, die manchmal Worte braucht, um sich mit der innewohnenden Weisheit zu verbinden.

Im Frühling 2013 schrieb ich Dr. Clarke, dem Übersetzer und Herausgeber des *Hsin-hsin Ming*, und erbat seine Zustimmung, eine deutsche Übersetzung herausgeben zu dürfen.

Innerhalb weniger Tage erfuhr ich von Suzan,
einer seiner Zen-Schülerinnen, dass er von einer
schweren Operation noch sehr geschwächt sei.
Da er selbst gut Deutsch spreche, wolle er später
gerne meine Übersetzung gegenlesen.
Er ließ mich um Geduld bitten, bis sein
Gesundheitszustand wiederhergestellt sei.
Dann zogen die Monate ins Land.
Im August erhielt ich von Suzan die Nachricht,
dass Dr. Clarke am 08. August 2013 verstorben
sei. Er hatte seine Kraft nicht wieder zurück-
gewonnen, sich aber sehr gefreut, dass ich dieses
Projekt angenommen habe, und er wünschte mir
alles Gute. Diese Nachricht hat mich sehr berührt
und zugleich dankbar erfreut.
Es fühlt sich jetzt wie eine Aufgabe an, die ich
sehr gerne zu einem Ende bringe, was für einige
vielleicht ein Anfang ist, wofür auch immer.
Ich wünsche den LeserInnen viel Freude und
erkenntnisreiche Momente.

Matthias Dhammavaro Jordan, 2022

Vorwort zur englischen Übersetzung

Von Dr. Richard B. Clarke

Was können wir vom Leben eines Menschen schon sagen, dem Leben dieses Mannes und seiner Bedeutung für uns, Seng-ts'an, auch Sosan von den Japanern genannt?

Wir wissen, dass er lebte und dass er starb und dass diese und jene Geschichte von ihm erzählt und ihm bestimmte Worte zugeordnet werden. Es wird gesagt, dass sein Tod im Jahre 606 unserer Zeitrechnung stattfand. Weder sein Geburtstag noch sein Geburtsort sind bekannt. Wer sollte es letztendlich auch schon wissen? Nur ein paar wenige biographische Fragmente existieren über ihn. Offensichtlich wanderte er als Bettler umher und während der Buddhisten-Verfolgungen lebte er als Namenloser in den Bergen. Es wird gesagt, dass er ausgesprochen freundlich und warmherzig war und an den Punkt gelangte, mit der Hilfe seines Lehrers Huike alle Fesseln und Illusionen fallengelassen zu haben. Und so realisierte er in seinem eigenen Leben das volle Licht eines erwachten Geistes, was das erreichbare Geburtsrecht aller Menschen ist. Seine Erkenntnis brachte er zum Ausdruck, indem er bestätigte, dass das, was von Buddhisten und anderen als „Herzenstrübungen" bezeichnet wird, das Gleiche wie die Buddha-Natur ist.

Das heißt, dass es nur eine ungetrübte Realität gibt. Seng-ts'an erhielt die ‚Übertragung' von Huike und wurde so zum sogenannten ‚Dritten Zen-Patriarchen'. Er blieb ein armer wandernder Mönch und übertrug schließlich die ‚Essenz des ZEN' an Tao Hsin (auf japanisch: Doshin), der sein Nachfolger in dieser Lehrrichtung wurde. Nichts Besonderes.

Und es wird gesagt, dass er dieses Stück hier geschrieben haben soll, das *Hsin-hsin Ming*. Wahrscheinlich das erste chinesische ZEN-Dokument. (...und unten der Versuch, es zu übersetzen.) Diese „Verse des vertrauenden Herzens" repräsentieren die Essenz des ZEN.

Sie ermutigen, die spirituelle Intelligenz zu erwecken, und laden dazu ein, diese ZEN-Essenz im eigenen Leben zu verwirklichen.

Das ist alles, was du brauchst!

Lass dich nicht von Geschichten über Seng-ts'an ablenken, dass er zum Beispiel ein Leprakranker war und sich davon mit ZEN–Übungen heilte oder dass er eigentlich nicht der Autor dieser Verse ist. Lass dich auch nicht davon ablenken, „Vertrauendes Herz" zu definieren.

Und am allerwichtigsten: Hänge dich nicht an die Geschichten deines eigenen Selbst.

Finde die wahren Übungen und stimme dich darauf ein, in jedem Moment deines Lebens.

Und so wirst du das wahre Selbst entdecken, das von Seng-ts'an, von dir und allem, was es gibt, offenbart wird.

So wird sich ZEN in dir vollenden und dein Leben mit Leben erfüllen.

Möge es für dich so sein!

Das Hsin-hsin Ming

信

心

銘

Der Große Weg ist nicht schwer für diejenigen,

die sich an keine Vorlieben hängen.

Entstehen weder Zu- noch Abneigungen,

wird alles klar und unverschleiert.

Mache jedoch nur die kleinste Unterscheidung,

und du bist von ihm so weit entfernt,

wie Himmel und Erde voneinander entfernt

sind.

Wünschst du die Wahrheit zu sehen,

dann habe keine Meinung für oder gegen

irgendetwas.

Das, was du magst, gegen das zu stellen,

was du nicht magst,

ist die Krankheit des Geistes.

Wird die grundlegende Natur der Dinge nicht

erkannt, ist des Herzens ursprünglicher Friede

unnütz gestört.

Der Weg ist vollkommen,

so wie weiter Raum vollkommen ist,

wo es weder Mangel noch Überfluss gibt.

In der Tat liegt es an unserer Begierde und
unserer Abneigung,
dass wir die wahre Natur der Dinge nicht
erkennen.
Lebe weder in den Verstrickungen der äußeren
Welt, noch in Ideen oder Gefühlen der Leerheit.
Sei gelassen und eins mit den Dingen,
und falsche Sichtweisen verschwinden von
selbst.

Versuchst du Aktivitäten anzuhalten,
um Ruhe zu finden, wird dich diese ganze
Anstrengung mit Aktivitäten füllen.
Solange du in dem einen oder anderen Extrem
hängen bleibst, wirst du nie um die Einheit
wissen.
Jene, die nicht in dem ‚Einen Weg' leben,
können weder durch Aktivität noch durch Ruhe,
weder durch Zustimmung noch Ablehnung frei
sein.

Verleugne die Realität der Dinge,

und du verpasst ihre Realität.

Beharre auf der Leerheit der Dinge,

und du verpasst ihre Realität.

Je mehr du darüber redest oder nachdenkst,

desto weiter entfernst du dich von der

Wahrheit.

Also höre auf, am Reden und Denken

festzuhalten,

und es wird nichts geben, was du nicht wissen

kannst.

Zur Wurzel zurückzukehren bedeutet,

die Essenz wiederzuentdecken.

Aber Erscheinungen oder „Erleuchtung"

nachzujagen heißt, die Quelle zu verfehlen.

Erwachst du auch nur für einen Moment,

begibst du dich jenseits von Erscheinung und

Leerheit.

Die Veränderungen, die scheinbar in der leeren
Welt geschehen,
machen wir nur wegen unserer Unwissenheit zu
etwas Wirklichem.
Suche nicht nach der Wahrheit,
höre nur auf, Meinungen wertzuschätzen.

Verweile nicht im dualistischen Zustand,
vermeide vorsichtig solche leichten
Gewohnheiten.
Hängst du dich auch nur an die leiseste Spur
von diesem oder jenem, von richtig oder falsch,
wird sich das Wesen des Geistes in Verwirrung
verlieren.
Obwohl alle Dualität von dem Einen kommt,
halte nicht einmal an Ideen über dieses Eine
fest.

Existiert der Geist ungestört in dem Weg,
gibt es keine Beanstandungen an irgendetwas
auf dieser Welt.

Gibt es keine Beanstandungen mehr an irgendetwas,

hören Dinge auf, in der alten Weise zu sein.

Wenn keine unterscheidenden Anhaftungen entstehen, hört der alte Geist auf zu existieren.

Lass es sein, Dinge als getrennte Existenzen zu betrachten,

und auch der Geist wird entschwinden.

Wenn also das denkende Subjekt schwindet, schwinden auch die vom Geist erschaffenen Gebilde.

Das Entstehen lassen anderer lässt das Selbst entstehen.

Ein Selbst entstehen zu lassen, bringt andere hervor.

Erkenne diese scheinbaren Zwei, als Facetten der einen grundlegenden Wirklichkeit.

In dieser Leerheit sind diese beiden wirklich eins, und jedes enthält alle Erscheinungen.

Wenn weder verglichen noch angehaftet wird an ‚edel' und ‚vulgär',

wirst du nicht Beurteilungen oder Meinungen
anheimfallen.

Der Große Weg ist allumfassend und weit.
In ihm zu leben ist weder leicht noch schwer.
Jene, die sich auf beschränkte Sichtweisen
verlassen, sind ängstlich und unentschlossen.
Je schneller sie eilen, desto langsamer kommen
sie voran.
Einen begrenzten Geist zu haben
und daran anzuhaften, erleuchtet zu werden,
heißt, seine Mitte zu verlieren und sich zu
verirren.
Wenn jemand frei von Anhaftungen ist, sind alle
Dinge so, wie sie sind, und es gibt weder
Kommen noch Gehen.

Bist du mit der ‚Natur der Dinge‘ in Einklang,
deiner eigenen grundlegenden Natur,
wirst du dich fortan frei und ungestört bewegen.
Ist der Geist jedoch gefangen,
bleibt die Wahrheit verborgen,

und alles bleibt trübe und unklar,

und das mühsame Ausüben des Bewertens

bringt Verstörtheit und Überdruss.

Welche Vorteile ergeben sich aus Anhaftungen

an Unterscheidungen und Trennungen?

Wenn du es wünschst,

auf dem einen Weg zu gehen,

habe keine Abneigungen gegen die Natur der

Sinne und Ideen.

Sie tatsächlich voll und ganz zu umarmen,

ist identisch mit der wahren Erleuchtung.

Der weise Mensch hängt sich an keine Ziele,

aber der törichte Mensch knebelt sich selbst.

Es gibt eine Wahrheit (Dharma) ohne

Unterscheidungen.

Unterscheidungen entstehen aus den

verhafteten Bedürfnissen der Ignoranten.

Den Geist mit dem urteilenden Verstand zu

suchen, ist der größte aller Fehler.

Ruhe und Unruhe leiten sich von Illusionen ab.
Mit dem Erwachen enden alle Anhaftungen an
Mögen und Nichtmögen.
Alle Dualität entspringt aus ignoranter
Einmischung.
Sie sind wie Träume, Phantome oder
Halluzinationen,
es wäre töricht, nach ihnen zu greifen.
Gewinn und Verlust, richtig und falsch,
gib solche Gedanken alle sofort auf.

Wenn das Auge niemals schläft,
enden alle Träume ganz natürlich.
Trifft der Geist keine Unterscheidungen,
sind die zehntausend Dinge so, wie sie sind,
aus einer einzigen Essenz.
Das Mysterium dieser Einen-Essenz zu
erkennen, heißt, von allen Verstrickungen
befreit zu sein.
Werden alle Dinge ohne Unterscheidungen
betrachtet,
offenbart sich die zeitlose Selbst-Essenz überall.

Keine Vergleiche oder Gleichnisse sind möglich
in diesem unverursachten, alleinstehenden
Zustand von nur diesem Einen.

Wenn Bewegung anhält,
gibt es keine Bewegung mehr.
Und wenn es keine Bewegung mehr gibt,
gibt es kein Anhalten.
Wenn solche Dualität aufhört zu existieren,
kann die Einheit selbst nicht mehr existieren.
Für diesen endgültigen, ultimativen Zustand
gibt es weder Gesetz noch Beschreibung.

Denn für den verwirklichten Geist, eins mit dem
Weg,
wird alles selbstbezogene Bemühen erlöschen.
Zweifel und Unentschlossenheiten
verschwinden,
und die Wahrheit ist in dir bestätigt.
Auf einen Schlag bist du von den Fesseln befreit.
Nichts hängt an dir, und du hältst an nichts fest.

Alles ist leer, klar und selbsterhellt,
ohne den Geist anstrengen zu müssen.
Gedanken, Gefühle, Wissen und Vorstellungen
sind hier ohne wert.
In dieser Welt, „so, wie sie wirklich ist",
gibt es weder ein Selbst, noch etwas anderes als
ein Selbst.

Diese Tatsache direkt zu erkennen,
ist nur möglich durch die Praxis der Nicht-
Dualität.
Lebst du diese Nicht-Getrenntheit,
manifestieren sich alle Dinge als das Eine,
und nichts ist ausgeschlossen.
Wer auch immer zu diesem Erwachen kommt,
egal, wann oder wo,
erkennt für sich diese grundlegende Quelle.

Diese Dharma-Wahrheit hat nichts mit groß
oder klein, nichts mit Zeit oder Raum zu tun.
Ein einziger Gedanke dauert hier zehntausend
Jahre.

Nicht hier, nicht dort, sondern überall,

immer direkt vor deinen Augen.

Unendlich groß und unendlich klein –

keine Unterschiede.

Denn Definitionen sind bedeutungslos

geworden,

und Grenzen sind nicht mehr auszumachen.

So auch mit „Existenz" und „Nicht-Existenz".

Verschwende deine Zeit nicht mit Argumenten

und Diskussionen, die versuchen,

das Unfassbare zu begreifen.

Jedes Ding offenbart das Eine.

Das Eine manifestiert alle Dinge.

In dieser Erkenntnis zu leben, heißt,

ohne Besorgnis über Vollkommenheit oder

Unvollkommenheit zu sein.

Dein Vertrauen in dieses Herz, diesen Geist zu

legen, bedeutet, ohne Trennung zu leben.

Und in dieser Nicht-Dualität bist du Eins mit

deiner Lebensquelle.

Worte! Worte!

Der Weg ist jenseits von Sprache,

denn in ihm gibt es

kein Gestern,

kein Morgen,

kein Heute.

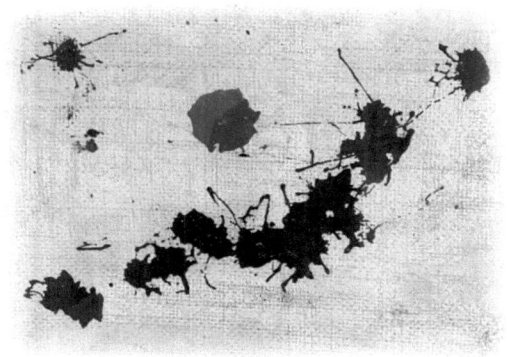

Die Übersetzer

Matthias Dhammavaro Jordan

lebte zwölf Jahre als buddhistischer Mönch in Thailand, Sri Lanka und Europa. 2001 entschied er sich wieder in das Laienleben zurückzukehren und erweiterte seine Ausbildung zum Heilpraktiker für Psychotherapie, Focusing-Begleiter und Achtsamkeitstrainer.

Seit 2013 Autor des Verlags Via Nova, Petersberg.

www.verlag-vianova.de

www.achtsamkeits-training.com

Dr. Richard B. Clarke (1933-2013)

war eine amerikanischer ZEN-Meister und gründete 1972 das Living Dharma Center in Massachusetts. Aus seiner Zen-Praxis als Wurzel entwickelte Richard eine Lehre, die die Essenz der alten Zen-Tradition bewahrte, und Formen entwickelte, die unserer Zeit und Kultur entsprechen.

Er ist der Übersetzer der englischen Ausgabe des *Hsin-hsin Ming*, die erstmals 1973 und die letzte Ausgabe 2001 bei White Pine Press U.S. erschien.